CONSTITUTION

MÉDICALE

D'HÉNIN-LIÉTARD ET DES ENVIRONS

EN 1860,

Par M. DEMARQUETTE,

DOCTEUR-MÉDECIN A HÉNIN-LIÉTARD (PAS-DE-CALAIS).

DOUAI.

IMPRIMERIE DECHRISTÉ,

rues du Four et Jean-de-Bologne.

— 1861 —

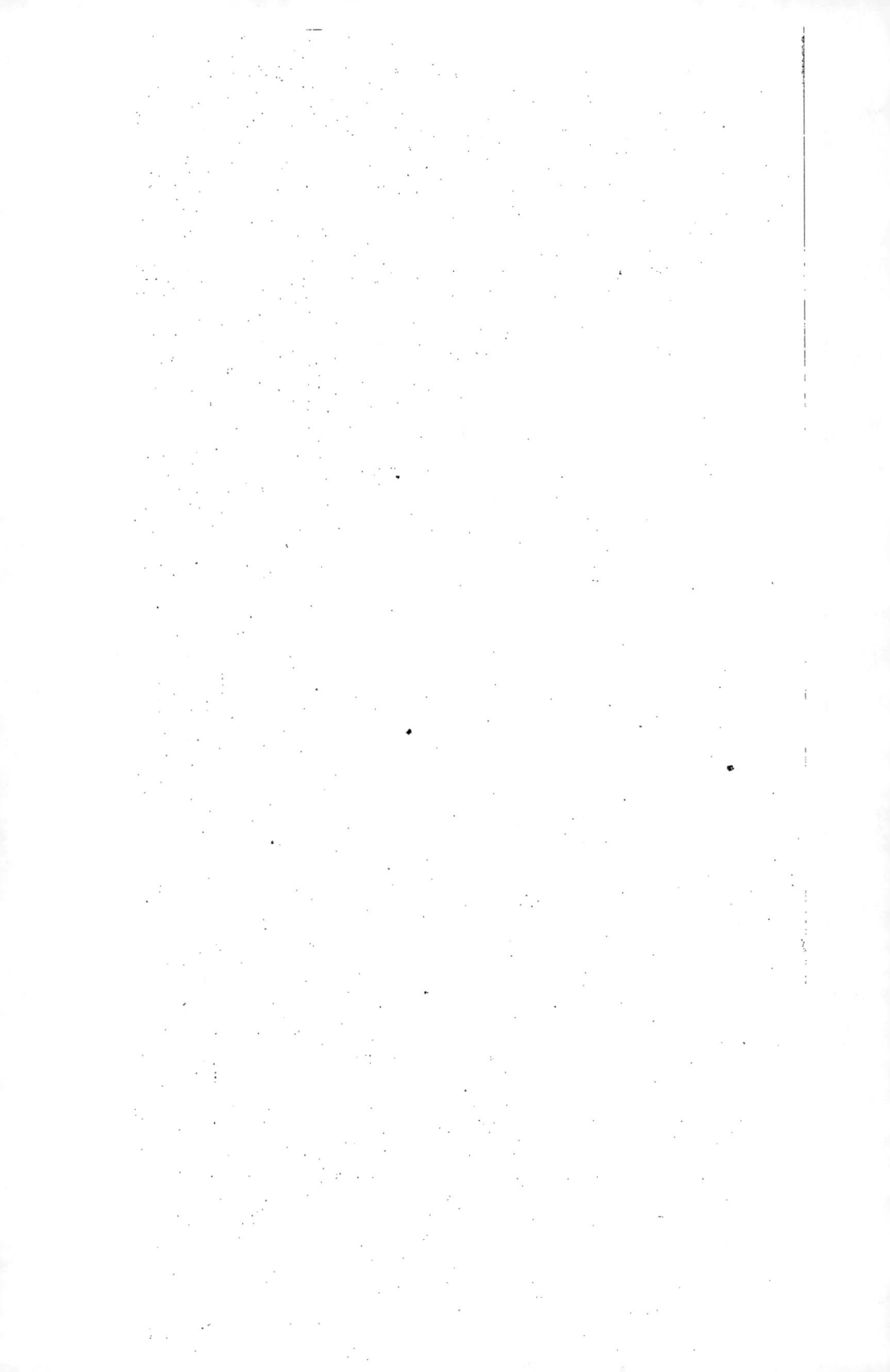

CONSTITUTION
MÉDICALE
D'HÉNIN-LIÉTARD ET DES ENVIRONS
EN 1860.

INTRODUCTION.

Je circonscris l'ensemble de mes observations dans un
espace qui comprend, dans un rayon de huit kilomètres
environ, un certain nombre de communes rurales situées
dans les cantons de Carvin, de Lens et de Vimy, formant,
avec Hénin-Liétard pris pour centre, une population de
vingt à vingt-cinq mille âmes.

Ces communes, reliées aujourd'hui entre elles par des
voies faciles de communication, font partie de cette belle
plaine qui s'étend de l'Artois à la Belgique, et se trouvent
placées par conséquent dans les mêmes conditions topo-
graphiques, ou à peu près.

Ainsi la plupart sont avoisinées de terres naguère maré-

1861.

cageuses , et livrées aujourd'hui à la culture par le retrait progressif des eaux ; plusieurs de celles-ci sont en outre côtoyées par des rivières bordées d'arbres qui leur donnent un aspect assez pittoresque ; quelques-unes sont sur des hauteurs et privées d'arbres ; deux sont ombragées de bosquets ; les autres, enfin, se montrent en rase campagne.

Ces légères différences de situation seraient sans doute peu importantes, au point de vue des influences météorologiques sur la santé , si le genre de vie des habitants , mis en regard , n'était pris en considération ; en effet , l'influence des lieux est , dans cette partie du département , considérablement amoindrie depuis la disparition des marais. Il y a vingt-cinq ans , la saison des chaleurs nous ramenait périodiquement les fièvres intermittentes ; depuis plus de quinze ans je n'en rencontrais plus dans ces parages : je les croyais passées pour toujours , quand je les vis reparaître cette année en mai , juin , juillet et août , non plus seulement dans les contrées paludéennes , mais là aussi où d'ordinaire on ne les observait pas. Ce retour inattendu peut être attribué aux pluies fréquentes qui ont fait de 1860 une année remarquable par son humidité.

J'en dirai autant , sous le même point de vue, des habitations , qui ont généralement gagné en propreté , surtout dans les communes où l'industrie a pénétré ; il en est résulté une certaine aisance dans la classe ouvrière et chez le petit commerçant , aisance qui pousse toujours plus ou moins au progrès matériel. Les grandes épidémies de ces derniers temps , en provoquant des mesures hygiéniques , ont aussi contribué à ces améliorations : ainsi toute chaumière tombée en ruines ou accidentellement dévastée , est rebâtie en briques et couverte en pannes ; on y fait des fenêtres au lieu de lucarnes ; l'air et la lumière y ont alors un plus libre accès ; enfin , l'aspect général des maisons choque de moins en moins le regard et les règles de la salubrité.

Cependant tout n'est pas fait, et il reste encore beaucoup à faire à l'endroit de l'assainissement, surtout dans les petits villages, isolés pour ainsi dire du mouvement progressif et abandonnés à eux-mêmes, sans commerce, sans industrie, et privés par conséquent de ces relations qui établissent dans le domaine des idées les avantages du libre-échange.

Ces petites communes restent donc arriérées sous bien des rapports ; et si les partisans du passé aiment à retrouver, sous ces toits de chaume et autour de ces foyers rustiques, cette simplicité et cette bonne foi qu'ils regrettent, les hommes de progrès et d'avenir n'y voient qu'un triste arrêt de développement social.

I.

JANVIER.

Les premiers jours de ce mois furent doux et sombres ; les 4 et 5, pluie, grand vent du sud ; du 6 au 9, il gèle un peu chaque nuit ; pendant le jour, la température se relève à 8° centig. Du 9 au 14, temps brumeux mêlé de pluie ; du 15 au 17, petite gelée la nuit, beau ciel le jour et soleil printanier ; du 18 au 21, brumes et pluies chassées par un vent du sud-ouest ; les 22, 23 et 24, grand vent, pluie, bourrasque, -|- 10° centig. ; du 25 au 31, froid humide.

Nous retrouvons dans ce mois la plupart des maladies observées pendant le dernier trimestre de l'année dernière ;

ce sont des bronchites et des angines simples , le rhumatisme articulaire , le lombago et quelques pleurésies ; nous
retrouvons aussi une ophthalmie oculo-palpébrale qui, depuis trois mois, sévit sur les jeunes enfants sous forme épidémique ; cette maladie s'annonce par le prurit des yeux ,
suivi de chaleur et de rougeur ; gonflement de la paupière
supérieure, fièvre, agitation, photophobie. Si, à cette époque, on essaie d'explorer les yeux, un flot de sérosité claire
s'échappe de chaque paupière supérieure considérablement
gonflée ; plus tard , et vers la fin de la maladie, cette sérosité remarquable par son abondance devient lactescente.

Des soins de propreté , l'usage de lotions émollientes
d'abord , puis légèrement astringentes , ont eu le succès
désirable , et tous ces petits enfants ont guéri sans fâcheux
accident , après huit ou quinze jours de maladie.

II.

FÉVRIER.

Les 1ᵉʳ et 2, vent du nord , neige, 5° -|- 0 centig. ; les 3
et 4, petite gelée ; du 5 au 7 , grand vent nord-ouest ; il
neige pendant deux jours, puis forte gelée jusqu'au 13, suivie de dégel. Le 17, pluie mêlée de neige ; la gelée, la neige
et le dégel alternent jusqu'au 22. Le thermomètre varie de
0 à -|- 3°. Les 23 et 24, gelée sèche , le ciel s'épure ; les
jours suivants, grand vent du nord-ouest ; le 28, tempête ;
le 29, il gèle le matin, à midi le soleil se montre.

Malgré cette bizarrerie du temps, j'ai rencontré fort peu de malades pendant ce mois, tant à Hénin-Liétard qu'aux environs ; ainsi je n'ai vu que quelques cas de bronchite, d'angine tonsillaire, de rhumatisme et d'ophthalmie enfantine, celle-ci tendant à disparaître ; la diarrhée s'est montrée chez un certain nombre d'adultes après le refroidissement des pieds ; chez tous ces malades, il y avait un fond morbide du tube digestif qui se révélait par l'anorexie, la langue sale, le bandeau frontal et une douleur sourde à l'épigastre. Aussi l'ipécacuanha sous diverses formes me fut souvent très-utile et efficace, surtout contre les toux et les angines qui disparaissaient sous l'influence des vomissements.

J'ai eu à traiter aussi, pendant ce mois, quelques asthmatiques assez communs dans nos campagnes, et qu'on rencontre principalement pendant les grands vents du nord-ouest et sous l'influence du froid humide ; les gelées blanches, les brusques changements de température, ont aussi sur ces malades une fàcheuse influence. Ce mois a été funeste à plusieurs d'entre eux : ceux-ci, il est vrai, avaient de l'enflure aux jambes, et plusieurs autres signes de lésions organiques, état que l'hiver ne fait qu'aggraver.

III.

MARS.

Les trois premiers jours furent beaux, -|- 10° centig.; le 4, grande pluie ; du 5 au 7, vent du nord très-froid, neige

mêlée de pluie ; il gèle et il neige jusqu'au 11. Les 12 et 13,
dégel, brouillard et pluie ; les 14 et 15, beau temps, -|- 5º
centig. ; du 16 au 18 , ciel couvert et pluvieux ; les jours
suivants, beau soleil. Le 21, pluie ; le 22 , grêle ; du 23 au
27, gros temps , pluie mêlée de grêle , tempête. Les 28 et
29, ciel sombre, pluie froide ; le 30, la température s'adoucit ; le 31, gros temps, affreuse tempête.

Un grand nombre de jeunes enfants sont pris de toux
avec fièvre et suffocation ; d'autres ont la coqueluche ,
maladie qui règne dans plusieurs communes environnantes.
Les catarrhes suffocants qui , généralement , offraient les
symptômes de congestion pulmonaire , ont cédé le plus
souvent à l'action combinée des sinapismes aux jambes ,
de vastes cataplasmes entourant tout le thorax, de l'ipéca,
et parfois de quelques sangsues sur la poitrine ; chez d'autres petits malades , ces symptômes se sont aggravés , et
ont amené le marasme et la mort.

Rien ne déroute autant le médecin que les maladies des
enfants : dans un grand nombre de cas , ce n'est que par
un coup-d'œil bien exercé qu'il peut apprécier s'il fait trop
ou trop peu. En présence d'une mobilité si grande dans
l'expression des symptômes , il est, je crois, essentiel de
ménager les forces et surtout la sensibilité , qui joue le
plus grand rôle dans l'économie enfantine.

La coqueluche , ici comme ailleurs , a parcouru ses périodes , malgré les remèdes anciens et modernes. Disons ,
d'ailleurs, qu'à la campagne on se préoccupe généralement
peu de cette maladie qui , selon l'expression de bien des
mères, *doit faire son tour !* de manière que le plus souvent
on l'abandonne aux ressources de la nature ; ce n'est que
dans les cas de complications souvent funestes qu'on appelle
le médecin.

J'ai aussi observé pendant ce mois un grand nombre

d'angines tousillaires chez les adultes ; quelques-unes de
ces maladies ont présenté cette particularité qu'elles dis-
parurent en 24 heures en se portant sur le scrotum et sur
les genoux sous forme de phlogose , qui n'eut d'ailleurs
qu'une existence éphémère. J'ai vu cette métastase s'opé-
rer sur les membres et y déterminer une anesthésie qui
porta principalement sur la sensibilité tactile.

Le rhumatisme s'y est encore montré sous diverses formes , ainsi que la bronchite , chez les adultes ; plusieurs
de ces derniers malades ont vu du sang dans leurs crachats
et en ont été effrayés. Ces craintes peuvent être fondées
chez ceux qui ont maigri , qui ont perdu l'appétit , et qui
éprouvent depuis le commencement de leur toux une douleur sourde à l'épigastre ; mais elles ne sauraient l'être
quand le sujet offre d'ailleurs tous les attributs d'une bonne
santé.

Dans ma pratique médicale , qui date de 1832 , j'ai rencontré bon nombre d'individus qui , dans certains moments
de la journée , à certains jours, et par des influences particulières difficiles à déterminer , expectoraient durant leur
bronchite des crachats plus ou moins teints de sang ; ce
phénomène s'est dissipé avec la maladie, soit en usant des
moyens ordinaires , soit surtout en employant l'émétique ,
remède héroïque dans une foule de cas de cette nature.
Sans doute que dans la grande majorité des faits analogues,
l'expectoration du sang, surtout quand il est pur, est l'indice de la tuberculisation ; mais il ne faut pas se hâter de
conclure , car j'ai vu de ces malades guérir complétement,
même après avoir essuyé du côté des bronches de vérita-
bles hémorrhagies.

IV.

AVRIL.

Les premiers jours , grande pluie , vent , bourrasque.
Les 3 et 4, temps calme ; la température s'adoucit les jours
suivants. Le 8 , brouillard épais qu'un beau soleil dissipe
bientôt ; les 9 et 10, grand vent nord-ouest, froid vif, grêle ;
le 11, gelée blanche, très-belle journée ; les 12 , 13 et 14,
pluie froide ; le 15, il fait beau ; le 16 , brouillard épais
suivi d'un temps magnifique ; les 17 et 18 , vent froid du
nord-ouest, petite pluie ; les 19 et 30, froid intense, neige,
gros temps ; du 21 au 24, pluie continuelle suivie d'un vent
sud-ouest très-froid ; les 29 et 30 , beau soleil ; tout renaît.

———

L'état atmosphérique de ce mois différant peu de celui
du mois précédent, nous retrouvons ici à peu près les
mêmes maladies , sauf un certain nombre d'affections de
l'estomac semblables à celles que nous avons vues au mois
de février , et qui s'annonçaient par une toux sèche , l'ana-
rexie , une douleur épigastrique et sous-costale s'irradiant
à la partie correspondante du dos, langue parfois saburrale,
nausées, oppression , constipation , quelquefois diarrhée ,
pas de fièvre , accablement général.— Ici encore l'ipécacuanha sous diverses formes a été le moyen curatif par
excellence. Si , dans certains cas , nous avons employé la
saignée , au point de vue doctrinal de l'irritation , presque
toujours il en est résulté une syncope suivie de vomisse-

ments , indice des vraies tendances de l'économie ; si , au contraire, cette évacuation pour ainsi dire spontanée n'arrivait pas après la saignée , le malade se trouvait plus mal. J'ai vu aussi cet état particulier de l'estomac déterminer un point assez violent dans un des côtés du thorax pour faire croire à une pleurésie.

Vers la fin de ce mois , j'ai rencontré à Hénin-Liétard et aux environs quelques cas d'angine croupale. La fièvre intermittente s'est montrée à Courrières et à Harnes , communes jadis marécageuses , et où cette maladie , assez bénigne d'ailleurs , ne s'était pas montrée depuis longtemps.

V.

MAI.

Du 1er au 6 , vent du nord , beau temps , mais froid , 10 -+- 0° centig. ; les 7 et 8 , vent du sud , pluie et orage ; du 9 au 12 , ciel sombre , pluie et brouillard ; la température s'adoucit, les arbres fruitiers se couvrent de fleurs. Du 13 au 15, temps pluvieux et orageux ; il pleut presque chaque jour jusqu'au 20 ; peu de soleil. Du 21 au 24 , température douce , printanière ; le 25 , le ciel se couvre ; le 26 , pluie d'orage , suivie d'un vent froid sud-ouest qui se continue avec impétuosité les jours suivants ; le 30, pluie, température douce.

————

Je retrouve encore , par-ci par-là , quelques catarrhes suffocants et la coqueluche chez les enfants ; le rhumatisme

lombaire, sciatique et deltoïdien , et quelques cas de fièvre
intermittente tierce, à Hénin-Liétard, Harnes et Fouquières,
dont le sulfate de quinine fait prompte justice. J'ai eu à
traiter aussi quelques pleurésies rebelles à fond nerveux ,
et un assez grand nombre de panaris qui, comme les maux
de dents, se montrent dans certaines saisons d'une manière
presque épidémique, sans qu'on puisse les rattacher à une
cause atmosphérique bien définie.

Plusieurs cas de variole confluente ont été observées à
Harnes , commune où cette maladie tend à prendre de
l'extension ; d'ailleurs les malades sont rares dans toute la
contrée , et sauf les phthisiques assez nombreux dans le
pays, et auxquels le mois de mai est si souvent perfide , il
n'y aurait rien de sérieux à enregistrer.

VI.

JUIN.

Le temps est incertain et parfois pluvieux jusqu'au 5 où il
tombe une pluie mêlée de grêle ; les 6 et 7, temps couvert ;
le 8, très-belle journée ; le lendemain, pluie douce. Du 10
au 14, beau soleil, -|- 16° centig. ; les jours suivants, pluie
suivie d'un froid assez vif pour que les ouvriers des champs
se recouvrent comme en hiver ; les 18 et 19 , pluie douce ;
le 20, temps orageux, suivi, pendant deux jours, d'une chaleur accablante ; du 24 au 26 , pluie , soirées fraîches ; le
27, température douce ; du 28 au 30 , froid remarquable :
le thermomètre est à—9° centig.

Malgré la température indécise et bizarre de ce mois,
les maladies régnantes ont encore peu varié : ce sont toujours des rhumatismes, des maux de gorge, des catarrhes
suffocants et la coqueluche chez les enfants, sans qu'aucune forme grave ait été constatée chez ces derniers, à
moins de considérer ainsi certain engorgement des glan-
des sous-maxillaires, qui produisit chez plusieurs une respiration bruyante et un sommeil ronflant, comme dans les
spasmes de la glotte.

Ce phénomène-nocturne si effrayant pour les parents a
cédé presque toujours à l'emploi du nitrate d'argent fondu,
sur les tousilles plus ou moins tuméfiées, quand l'indocilité
des malades ne s'y opposait pas ; des frictions fondantes et
résolutives, des cataplasmes au cou, des sinapismes aux
jambes ont aussi été d'un grand secours. Cette affection a
été souvent de longue durée, surtout quand la dentition la
compliquait.

La variole se propage et s'aggrave à Harnes où deux
adultes viennent de mourir dans la période de suppuration ;
le délire et une adynamie profonde ont terminé la scène :
ces deux sujets n'avaient pas été vaccinés. Je rencontre
encore quelques cas de fièvre intermittente, tant primitifs
que récidivés.

VII.

JUILLET.

Les premiers jours sont encore froids : le vent reste au

nord jusqu'au 9, de manière que les matinées et les soirées sont très-fraîches. Le 10, chaleur ; le 11, brouillard épais le matin, temps chaud dans la journée, -|- 22° centig. ; les jours suivants, ciel couvert, pluie ; le 15, assez beau temps ; le 16, chaleur ; le 17, pluie abondante, orage ; les 18 et 19, ciel serein ; du 20 au 22, pluie, la température baisse à -|- 10° centig. Du 23 au 25, temps couvert, pluvieux, vent sud-ouest, même température : ce temps fâcheux se continue jusqu'à la fin du mois.

———

Les brusques variations de température n'ont pas encore influencé notablement la constitution médicale. La toux particulière, que j'appellerai gastrique, s'observe encore çà et là. J'ai eu à soigner aussi plusieurs apoplectiques à divers degrés. La variole prend de l'extension à Harnes, où elle a encore fait quelques victimes ; les individus vaccinés n'ont eu en général que la varioloïde ; d'autres, en plus grand nombre, après avoir offert tous les prodrômes de la maladie, poussaient une sueur abondante et guérissaient dans le septénaire : ce serait là la variole *sine variolá*.

Cette maladie s'est aussi montrée à Billy-Montigny, tantôt bénigne et tantôt confluente. Un de ces derniers cas, relatif à un mineur, a offert cette particularité qu'au début une éruption pourprée, par plaques, d'un rouge brun, ne disparaissant pas sous la pression du doigt, apparut au bas-ventre, sur les deux flancs et aux aisselles ; quelques jours après se manifesta la variole, à la face d'abord, puis par tout le corps, et avec une confluence remarquable, excepté aux endroits occupés par le pourpre qui disparut en 48 heures, laissant là une place parfaitement nette.

Cet individu ainsi châtié avait été vacciné, ou du moins il en portait les stigmates ; mais avait-il été bien vacciné ? ou, en d'autres termes, lui avait-on inoculé un vaccin préservatif ? Pour être préservatif, le vaccin doit être pris à l'état limpide , c'est-à-dire dans son état de maturité. Pris trop tôt, c'est du sang qu'on inocule ; pris trop tard , c'est du pus ; et les quelques boutons de mauvais aloi qui résultent d'une pareille vaccine , non seulement ne préservent pas, ils peuvent même être nuisibles sous d'autres rapports.

La fièvre intermittente apparaît encore de temps en temps. Chez beaucoup d'individus , je remarque une certaine susceptibilité du côté des organes digestifs dont les éméto-purgatifs font prompte justice.

Il y a trente ans , cette manière de traiter ce qu'on nommait une gastro-entérite , eut été considérée comme une hérésie. En effet , à l'époque de mes études médicales , l'illustre Broussais tenait encore à Paris le sceptre de la médecine, bien que la doctrine de l'irritation fût déjà fortement ébranlée ; et quand j'entrai en exercice , je trouvai le système exclusivement adopté et suivi par tous nos médecins de campagne , sauf quelques rares exceptions : c'était si facile de traiter toutes les maladies par la saignée, les s ngsues et la diète !

Ces mille affections nerveuses, saburrâles et autres, qui, presque toujours , sont accompagnées d'un trouble plus ou moins marqué des fonctions de l'estomac, étaient réputées *gastrites,* et c'était à ces phénomènes secondaires qu'on s'attaquait ; l'estomac étant considéré comme le seul coupable de ces troubles , c'était contre lui qu'on usait de saignées et surtout de sangsues. Trop souvent on débilitait les malades par des évacuations sanguines outrées , et le mal se perpétuait en dégénérant tantôt en anémie , tantôt en chlorose ; et les patients se traînaient ainsi misérablement pendant des mois , des années même ! On les consolait en leur disant cette triste vérité d'alors , *que la gastrite pouvait durer sept ans !* J'ai connu bon nombre de jeunes personnes , de mères de famille qui n'ont jamais été guéries de leur prétendue gastrite, n'ayant pu refaire la quantité et la qualité de sang nécessaires à l'exercice normal de leurs fonctions. En médecine aussi, il faut le reconnaître, *la lettre tue et l'esprit vivifie !*

J'ai observé chez deux jeunes femmes un ensemble de symptômes que j'ai cru devoir rapporter à une congestion de la moëlle épinière : chaleur à la peau, face animée, douleurs vagues le long du dos, pouls normal, plutôt lent, sommeil calme, langue naturelle, appétit conservé, nulle sensibilité à l'épigastre et au ventre, tête lourde, point de toux, respiration libre, mais difficulté de rester assises et levées ; cette maladie a résisté à l'emploi successif des anti-phlogistiques, des émétiques, des anti-spasmodiques et des exutoires.

Deux autres femmes ont été frappées d'apoplexie à la suite d'une perte puerpérale abondante ; ces pertes après l'accouchement ont quelquefois précédé le développement de la phthisie pulmonaire ; pendant ce mois encore, j'ai eu à traiter une hématémèse et une hémorrhagie intestinale.

VIII.

AOUT.

Le 1er, beau temps ; le 2, pluie douce ; les 3 et 4, ciel couvert ; les 5 et 6, pluie et vent ; le 7, température fraîche ; les 8 et 9, pluie continuelle ; du 10 au 14, pluie mêlée de soleil ; le 15, belle journée, -+ 10° centig. ; le 16, temps orageux, pluie, chaleur accablante ; les 17, 18 et 19, ciel

incertain , il pleut de temps en temps ; le 20 , pluie continuelle ; du 21 au 25 , temps couvert et frais : il pleut presque chaque jour, mais le vent sèche vite. La pluie se
continue jusqu'au 27. Le 28 , il fait beau ; il pleut les 29 et
30 ; beau temps le 31.

———

J'ai rencontré pendant ce mois des rougeoles et des
scarlatines bénignes , et encore la coqueluche chez les enfants. Le catarrhe suffocant ayant à peu près disparu , un
certain nombre d'adultes prennent de la toux , d'autres le
mal de gorge. Quelques fièvres intermittentes , plusieurs
apoplexies chez les sujets d'un certain âge , telles sont les
maladies que j'ai eu à traiter pendant le mois d'août.

J'ai observé un fait remarquable chez une petite fille de
deux ans et demi : cette enfant bien portante rendit par la
vulve , et sans prodrômes aucuns , un flot de liquide res-
semblant parfaitement à du pus de bonne nature et sans
odeur ; en examinant les parties , j'y reconnus quelques
débris d'une membrane molle blanche , et un peu de rougeur à la fourchette qui contenait quelques gouttes de
sang : cette petite fille, qui n'accusait aucune douleur, n'a
jamais cessé de jouer avant comme après cet accident.

IX.

SEPTEMBRE.

Les premiers jours sont encore pluvieux , mais les effets
de la pluie disparaissent vite sous l'action combinée du

vent et du soleil ; le 6, vent du nord frais qui maintient le beau temps jusqu'au 15. Le 16, pluie jusqu'au 17 à midi ; beau ciel le soir. Du 18 au 24, il pleut presque chaque jour ; le 25, vent impétueux d'ouest ; la température baisse. La pluie continue jusqu'à la fin du mois.

La constitution médicale ne paraît pas influencée par le changement de température et de saison. Les affections des bronches et du pharynx sont toujours celles que l'on rencontre le plus souvent. J'ai vu quelques toux croupales, principalement au début de la scarlatine qui se montre parfois encore. Cette toux croupale, quand elle est accompagnée de fièvre, pourrait faire croire au véritable croup, si n'était la liberté de la respiration : ici encore, l'ipécacuanha m'a été d'un grand secours.

X.

OCTOBRE.

Les deux premiers jours, le temps paraît se mettre au beau, mais le 3 la pluie revient. Le 4, vent du nord ; le 5, pluie ; les jours suivants, temps incertain et froid. Du 10 au 18, pluie continuelle, mêlée parfois de grêle et de neige ; le 19, tempête nocturne ; le 20, vent du nord ; il fait beau jusqu'au 30, -|- 15° centig. On se croirait dans un autre hémisphère.

Pendant la première quinzaine de ce mois, j'ai encore

vu bon nombre de bronchites, d'angines gutturales et de diarrhées. La variole continue de sévir à Harnes : une jeune femme enceinte, atteinte de la maladie, accoucha avant terme et mourut quelques jours après. La variole est surtout dangereuse dans ces conditions. J'observe ailleurs plusieurs cas d'hémorrhagie bronchique chez les phthisiques, et de l'œdème chez un certain nombre de femmes enceintes et bien portantes d'ailleurs. La voix voilée accompagne un certain nombre de bronchites : ce phénomène est toujours inquiétant quand il dure ; il faut se hâter de le faire disparaître dès le principe, ce qu'on obtient le plus souvent à l'aide des émétiques et d'un régime convenable.

XI.

NOVEMBRE.

Du 1er au 6, petites gelées, brouillards très-froids : ce temps se continue jusqu'au 12, offrant chaque nuit une température de -|- 1 à — 2º centig. Les 13 et 14, dégel et brouillards, température douce, vent sud-ouest; le 15, pluie ; ciel sombre les jours suivants, froid. Les 19 et 20, il gèle ; du 21 au 30, temps brumeux, -,- 5º centig.

———

Les asthmatiques et les poitrinaires souffrent beaucoup de ces premières gelées. Les catarrhes et la coqueluche se montrent encore parmi les enfants dont plusieurs ont succombé. La phthisie pulmonaire semble parcourir plus lentement ses périodes que dans les années de chaleur.

J'ai vu chez une femme enceinte, de constitution moyenne, une de ces toux bizarres et qui échappent au classement nosologique : cette toux s'était subitement aggravée sous l'influence d'une saignée copieuse pratiquée par une sage-femme ; il en était résulté d'affreuses suffocations accompagnées de fièvre et parfois de délire. Cet état s'amenda un peu sous l'influence des gouttes antispasmodiques et des analeptiques, mais pendant trois mois cette femme toussa et expectora abondamment ; puis survint de l'enflure aux jambes, symptômes qui, joints à quelques phénomènes perçus par l'auscultation, me fit craindre la présence de tubercules. Il n'en fut rien cependant : cette malade accoucha très-bien à terme et se rétablit complétement.

J'ai rencontré plusieurs adultes toussant par quintes très-pénibles, comme dans la coqueluche : cette maladie particulière aux enfants transmettrait-elle, dans certains cas, sa forme nerveuse à la bronchite des adultes ?

XII.

DÉCEMBRE.

Les quinze premiers jours furent sombres, doux et parfois pluvieux : on patauge partout dans la boue. Le 17 au matin, la neige blanchit les toits ; elle tombe de nouveau le lendemain, mais vers le soir le ciel s'éclaircit et présage la gelée qui nous arrive assez vivement le 19 et le 20. Le 21, neige abondante suivie d'une forte gelée qui se continue les jours suivants, 10° — 0 centig. Du 25 au 29, alternatives de gelée et de neige sous une température de 5° — 0. Le 29, le givre couvre les arbres et orne admirablement la nature ; le 30, dégel accompagné d'un violent vent du sud qui entraîne la neige et en forme des bancs qui interceptent, dans beaucoup d'endroits, les voies ferrées ; le 31, le dégel se continue.

———

Durant les vingt premiers jours de ce mois, nous avons observé les mêmes maladies que dans les mois précédents, c'est-à-dire les asthmes, les bronchites, les congestions pulmonaires, quelques angines et rhumatismes, et la coqueluche qui reparaît toujours et tourmente les petits enfants.

Le froid et la gelée ont cependant amené quelques cas de pneumonite qui sont venus, pour ainsi dire, faire diversion à cette monotonie morbide observée depuis si long-temps. Les sujets qui en furent atteints s'étaient refroidis étant en transpiration ; quelques-uns n'accusèrent pour cause qu'un froid de pieds.

Un grand nombre de personnes souffrent du froid et de la gelée surtout, agents qui ont une action spéciale sur les fonctions respiratoires. Quoique bien portantes d'ailleurs, ces personnes éprouvent une gêne plus ou moins considérable de la respiration, surtout pendant la nuit ; elles se plaignent de mucosités qui, dans l'acte de l'inspiration et de l'expiration, semblent remonter en sibilant vers la gorge et déterminent une toux très-pénible. Les individus qui éprouvent ces impressions ont en général la poitrine susceptible ou portent une de ces affections du cœur qu'on appelle névrose.

J'ai vu à Noyelles-Godault une jeune fille, âgée de 12 ans, affectée de chorée, et que j'ai traitée avec succès par la glace *cintus* et *extrà*. Cette jeune malade m'a rappelé un fait assez remarquable que j'ai observé dans sa famille : sa mère avait eu alternativement trois filles et deux garçons ; vers le troisième mois de sa grossesse, elle éprouvait une rétention complète d'urine quand elle portait une fille, et ne ressentait rien de semblable quand c'était un garçon.

La rétention d'urine chez les jeunes femmes, et principalement chez les jeunes filles, est presque toujours un signe de grossesse quand elle coïncide avec la suppression des règles.

RÉFLEXIONS.

Ainsi que nous l'avons vu, l'année 1860 a été presque constamment humide et souvent froide dans nos contrées. Les maladies peu nombreuses, surtout chez les adultes, n'ont pas sensiblement varié du commencement à la fin de l'année ; sauf quelques pleuro-pneumonites que nous avons eues au mois de décembre , et qui ont coïncidé avec les neiges et les premières gelées , nous avons presque toujours observé les mêmes formes morbides.

Les enfants , plus sensibles et moins résistants aux influences extérieures , ont fourni comme toujours le plus notable contingent. En fait d'épidémies proprement dites, nous n'avons eu à noter que la variole, la coqueluche et l'ophthalmie des jeunes enfants, maladies d'ailleurs localisées et qui ont fourni peu de décès comparativement aux autres années. Ainsi à Hénin-Liétard , peuplé de 3,800 habitants , il n'y eut que 87 décès en 1860, 128 en 1859, et 143 en 1358 : progression évidemment décroissante.

Les angines tousillaires, les bronchites, les rhumatismes, les asthmes, un petit nombre de fièvres intermittentes et d'affections gastro-intestinales, quelques cas de rougeole et de scarlatine, toutes maladies qu'on rencontre d'ailleurs chaque année dans nos parages, excepté les fièvres intermittentes , n'auraient eu qu'une médiocre importance au point de vue de la constitution médicale , si nous ne les avions observées dans toutes les saisons et , pour ainsi dire , dans chaque mois de l'année. Cette continuité des mêmes maladies , leur caractère de bénignité , sauf dans certains cas où l'organisme a fait défaut , nous porte à croire qu'une température froide et humide est favorable à leur génésie ; les transitions météorologiques furent, il est vrai , brusques et fréquentes, ainsi qu'on l'observe ordinairement dans nos pays du nord , mais celle des saisons passa presqu'inaperçue, de façon que l'hiver durant, pour ainsi dire, pendant toute l'année, nous n'observâmes que des maladies particulières à cette saison.

Il est à remarquer que la fièvre typhoïde nous a presque entièrement fait défaut. Depuis dix ans, cette désastreuse épidémie a perdu beaucoup de sa fréquence et de son intensité : ainsi nous n'observons plus, ou que rarement, ces formes putrides ou malignes qui revêtaient ces fièvres ; et si quelques cas de cette nature apparaissent encore, ce n'est plus que dans les petites communes arriérées et privées de l'élément civilisateur. Ici, en effet, les maladies, comme les individus, conservent leur pureté native ; et ces populations, engourdies dans l'apathie physique et intellectuelle, ne réagissent pas suffisamment contre les influences morbides. Il leur manque d'ailleurs deux des conditions fondamentales de force et de résistance : une bonne alimentation et une hygiène convenable.

Là, au contraire, où le progrès a pénétré et où l'aisance a permis une alimentation substantielle et des soins individuels mieux entendus, tout révèle le mouvement et l'activité ; l'homme y agit et pense avec plus de vigueur, et réagit en conséquence : résultat de l'impulsion que le travail a reçu depuis un quart de siècle, impulsion qui a entraîné toutes les classes de la société, à tel point qu'aujourd'hui nobles, riches, roturiers font du négoce et de l'industrie, et que l'aristocratie ne se cote plus qu'à la Bourse !!

Disons d'ailleurs que la plupart des maladies ont été observées chez les travailleurs, c'est-à-dire chez ceux qui, chaque jour, subissent les vicissitudes et

les intempéries du temps ; influences d'autant plus
nuisibles que ces individus négligent, parce qu'ils les
méconnaissent, les règles les plus élémentaires de
l'hygiène. Prévoir, en hygiène comme en beaucoup
de choses, c'est prévenir, et l'on sait que la pré-
voyance, même quand elle leur est le plus directe-
ment utile, n'est pas la vertu des masses ouvrières.

Il y aurait beaucoup à dire et on n'en finirait pas,
s'il fallait relever les imprudences, les inattentions,
les étourderies, les insouciances même, et les vices
avec lesquels la grande majorité des ouvriers travail-
lent et vivent ; on y trouverait les causes les plus nombreuses de maladies, et on acquerrait cette triste
conviction, que l'ignorance et l'oubli des devoirs qui
en est trop souvent la conséquence, sont les sources
les plus fécondes des misères humaines.

L'ignorance ! elle rend l'homme incomplet en le
privant de l'usage de la raison et de l'exercice de la
pensée.

L'ignorant ne sait ni combiner ni prévoir ; ses actes
comme ses paroles manquent de réflexion ; il s'ignore,
et les sentiments du juste et de l'injuste sont en lui
confondus ; il marche au hasard, et pour arriver au
but il a presque toujours besoin d'un guide ; c'est de
lui qu'on peut dire : « Il a des yeux, et il ne voit point ;
il a des oreilles, et il n'entend point.... » Il a un cer-
veau, et il ne pense point ! Tantôt agneau et tantôt
loup, obéissant à ses instincts qui lui tiennent lieu et
place de l'intelligence, l'on ne peut jamais compter
sur lui. Incapable de liberté, proie vivante de la ruse
et de l'intrigue, l'ignorant croit sans voir, et voit sans

croire ; quand on l'examine de près, il semble vous dire : « Souviens-toi que tu fus sauvage et barbare ! »

Enfin, l'ignorance rend l'homme impuissant à sauvegarder ce qu'il a de plus cher : la santé et la vertu.

Les excès de tous genres, la débauche, les infirmités, les maladies, les délits et les crimes ont, neuf fois sur dix, l'ignorance ou l'oubli des devoirs pour points de départ.

Eclairer le peuple, c'est donc aussi le moraliser, et conséquemment l'amener à comprendre et à pratiquer les préceptes de l'hygiène.

DEMARQUETTE,
Docteur-médecin à Hénin-Liétard.

Douai.— Imprimerie Dechristé , rues du Four et Jean-de-Bologne.

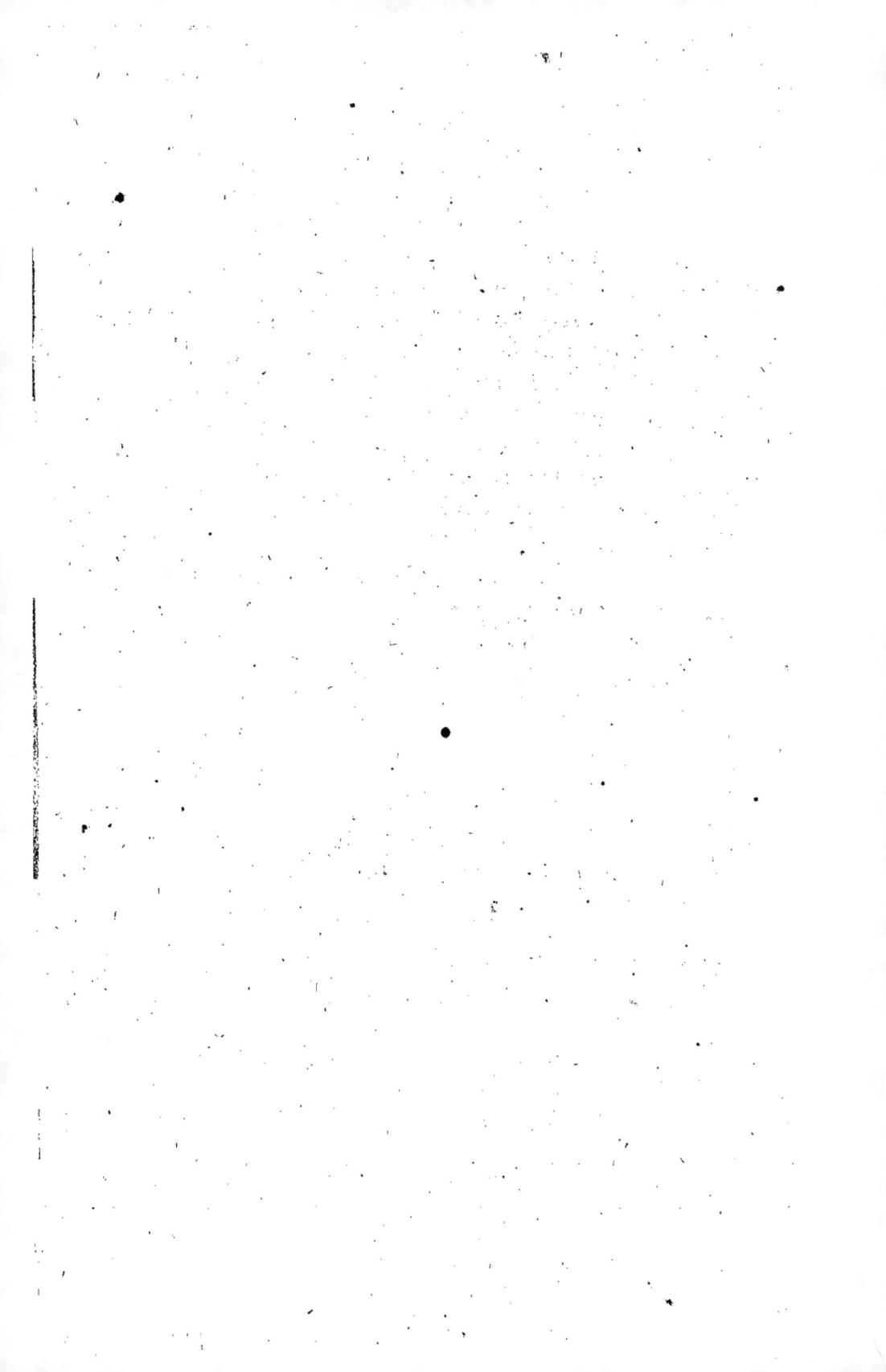

www.ingramcontent.com/pod-product-compliance
Lightning Source LLC
Chambersburg PA
CBHW060517200326
41520CB00017B/5086